CASTOR ET POLLUX,

TRAGÉDIE,

Représentée a Versailles, devant
SA MAJESTÉ,

Le Samedi 9 Juin 1770.

DE L'IMPRIMERE

De Pierre-Robert-Christophe Ballard, seul Imprimeur
pour la Musique de la Chambre & Menus-Plaisirs du Roi,
& seul Imprimeur de la grande Chapelle de Sa Majesté.

M. DCC. LXX.
Par exprès Commandement de Sa Majesté.

Le Poeme est de M. BERNARD.
La Musique est de RAMEAU.

Les Ballèts sont de la Compôsition de M. de LAVAL, Maître des Ballèts du ROI.

PERSONNAGES CHANTANT DANS LES CHŒURS.

CÔTÉ DU ROI.

Les Srs.	Les Dlles.
Joguet.	Canavas.
Guerin.	le Monnier.
l'Evesque.	d'Aigremont.
Cauchois.	Friart.
Cogniel.	du Bois, c.
Surville.	Favier.
Bosquillon.	Camus.
Abraham.	Mezière.
Roisin.	le Clerc.
Cuvillier.	du Château.
Cachelievre.	Bouillon.
Fleuri.	Godonesche.
Putheau.	Bertrin.
Charles.	Aubert.
Joli.	des Jardins.
Marcou.	d'Etourneau.
Coussi.	du Mas.
du Cornet.	Selle, m.
Méri.	Selle, f.
Méon.	Picot.
Botson.	d'Alloyau.
Cleret.	
Tacusset.	
Royer.	
Fradelle.	
Beghaim.	
Ballion.	

CÔTÉ DE LA REINE.

Les Srs.	Les Dlles.
Heri.	Jobert.
Candeillé.	du Puis.
Van-Hecke.	Reich.
Albert.	Châteauneuf.
l'Ecuyer.	des Rosières.
Cailteau.	le Bourgeois.
Vatelin.	Beaumont.
du Croc.	Girardin.
Cazes.	Fabri.
de la Suze.	l'Etienne.
Peré.	Arnould, c.
Larlat.	Chenais.
Puceneau.	Hebert.
le Begue.	Bon.
Bazire, l.	Durand.
Besche, 3.	Fontenet.
Bazire, c.	d'Hautrive.
Pierrecourt.	Veron.
le Roux.	Voisin.
Cajeon.	d'Agée.
Feret.	de l'Or.
Laurent.	Jouette.
Boi.	
Itasse,	
Parant, c.	

PERSONNAGES DANSANTS.

ACTE PREMIER

SPARTIATES.

Le Sr. Gardel.   La Dlle. Heinel.

Les Srs. du Pré, Simonin.

Les Dlles. Asselin, Niel.

Les Srs. Rogier, Leger.

La Dlle. du Perei, d'Ervieux.

Les Srs. Trupti, Lani, c., Hiacinte, le Lievre, Rivet, Hennequin, l., du Chaisne, Fay, Aubri, Henri, Abraham, le Roi, l. g. Balderoni, Huart, Dangui, Guillet.

Les Dlles. de Miré, Blondeval, l'Huillier, d'Elfevre, Martin, Patras, la Chassaigne, Rosette, Fonbel, Isoire, d'Auvilliers, du Mesnil, Huet, de l'Orme, l. g., Serville, Henriette.

DAMES de la Cour de TÉLAÏRE.

Les Dlles. Gaudot, Grandi, la Prairie, la Fond, le Clerc, Adeline, Gillſenan, de l'Orme, l. p.

PRÊTRES de l'HIMEN.

Les Srs. des Préaux, Lieſſe, Marel, Martinet, Giguet, des Bordes, Auger, Gougi.

ACTE SECOND.

GUERRIERS.

Les Srs. Trupti, Lani, Marel, Hennequin, l. du Chaiſne, Aubri, Abraham, le Roi, l. g, Henri, Huart, Dangui, Balderoni.

LUTTEURS.

Les Srs. Hiacinte, Granier, Rogier, de Laiſtre, Les Srs. DU PRÉ, FAY.

GLADIATEURS.

Les Srs. d'AUBERVAL, LEGER.

SPARTIATES.

Les Dlles. de Miré, Blondaval, l'Huillier, d'Elfevre, Martin, la Chaſſaigne, Roſette, d'Auvilliers, Patras, du Meſnil, Huet, de l'Orme, l. g.

Les Dlles. DU PEREI, MION, D'ERVIEUX, LE CLERC.

ACTE TROISIEME.

HÉBÉ.
La Dlle. GUIMARD.

PLAISIRS CELESTES,
*de la Suite d'*HÉBÉ.

Les Srs. Béate, Malter, Caſter, Marchand, Beaulieu, des Noyers, Doſſion, Giguet, la Rue, du Bois, Simonet, Guiardel, c.

Les Dlles. la Faſond, Louiſon, le Clerc, le Roi, Thevenet, de l'Orme, l. p., Henriette, Bordier, Sidonie, d'Auvilliers, Garnier.

JEUX & PLAISIRS.

Les Srs. Thomas, Gervais, de Brai, le Grand,
du Puis, le Febvre.

Les Dlles. Lolotte, Pélissier, Lalin, Grenet,
Nachin, Cléophile.

LES GRÂCES.

Les Dlles. Constance, Thiste, Bridat.

DIEUX & DÉESSES.

L'Amour,
le Sr. Nivelon.

Zéphir,
le Sr. Simonin, c.

Mars,
le Sr. Guiardel, c.

Titon,
le Sr. de Layal, f.

Psiché,
la Dlle. Joli.

Flore,
la Dlle. Prault.

Vénus,
la Dlle. Julie.

L'Aurore,
la Dlle. Buché.

ACTE QUATRIEME.

DÉMONS.

Le Sr. d'AUBERVAL.

Les Srs. ROGIER, DU PRÉ.

Les Srs. Hiacinte, le Lievre, trupti, Lani, c.
Hennequin, l., Liesse, Henri, Balderoni,
de Laistre, Berquelaure, Fay, du Chaisne,
Rivet, des Haies, Huart. Dangui.

FURIES.

Les Dlles. PITROT, ASSELIN, PESLIN.

OMBRES HEUREUSES.

Le Sr. GARDEL, la Dlle. GUIMARD.

Le Sr. SIMONIN, la Dlle. DU PEREI.

Les Srs. Beaulieu, Malter, Leger, Granier,
Guillet, Grosset, Doffion, Hennequin, c,
Simonet, Pithouin, des Préaux, Béate,
Gallet, Abraham, du Bois, Aubri,
Giguet, la Rue, Giroust,
le Roi, l. p.

Les Dlles. la Prairie, Mion, Gaudot, Blondevai,
Patras, la Chaffaigne, le Clerc, Fonbel,
Sidonie, le Roi, d'Ervieux, Louifon,
Grandi, l'Huillier, d'Elfevre, Gillfenan,
Adeline, Ifoire, de l'Orme, l. p,
Henriette.

Les Srs. de Laval, f., Guiardel, c., Henri, c.,
Antoine, le Doux, Mongaultier, Petit,
Gardel, 3., Simonin, le Fevre, Riviere,
le Grand, Nivelon.

Les Dlles. Conftance, Buché, Bridat, Fanfan,
Thevenet, Rei, Thifte, Perault, Julie,
le Vrai, Sophie, la Riviere, Joli,

ACTE CINQUIEME.

GÉNIES, qui préſident aux Planettes & aux Conſtellations.

Le Sr. VESTRIS.

Le Sr. GARDEL, la Dlle. HEINEL.

Les Srs. ROGIER, des PRÉAUX.

Les Dlles. PESLIN, MION.

Le Sr. SIMONIN.

LES HEURES.

Les Dlles. Gaudot, Grandi, Blondeval, Niel, de Miré, l'Huillier, Gillſenan, Patras, Roſette, Martin, d'Elfevre, la Chaſſaigne.

L'AMOUR.

La Dlle. la FOND.

LES GRÂCES.

La Dlle. GELIN.

Les Dlles. du PEREI, d'ERRVIEUX.

PLAISIRS & JEUX.

Les Srs. Malter, Béate, Beaulieu, Gallet, Doffion, Giguet, du Bois, Cafter, le Roi, l. p., Gardel, c., Gougi, Hennequin, c.

Les Dlles. d'Auvilliers, Adeline, le Roi, Louifon, de l'Orme, l. p., Thevenet, Garnier, le Vrai, Henriette, Sidonie, Fonbel, du Chefnoi.

ACTEURS.

POLLUX,	le Sr. l'Arrivée.
CASTOR,	le Sr. le Gros.
TÉLAÏRE,	la Dlle. Arnould.
PHEBÉ,	la Dlle. du Bois.
JUPITER,	le Sr. Gélin.
MERCURE,	le Sr. Cavallier.
CLÉONE, Confidente de PHEBÉ,	la Dlle. Rosalie.
le GRAND-PRÊTRE de JUPITER,	le Sr. Durand.
Un SPARTIATE,	le Sr. Caffaignade.
Une VOIX,	le Sr. du Rais.
Une autre VOIX,	le Sr. Muguet.
Un ATLETE,	le Sr. Muguet.
Une SUIVANTE d'HÉBÉ,	la Dlle. l'Arrivée.
Une OMBRE HEUREUSE,	la Dlle. l'Arrivée.

SPARTIATES
GUERRIERS combattants.
PLAISIRS CELESTES.
PUISSANCES MAGIQUES.
DÉMONS.
OMBRES HEUREUSES.
PEUPLES.

CASTOR

CASTOR ET POLLUX,
TRAGÉDIE.

A

CASTOR ET POLLUX, TRAGÉDIE.

ACTE PREMIER.

Le théâtre repréſente le Palais du Roi de Sparte, avec tout l'apareil d'un himenée.

SCÊNE PREMIERE.
PHEBÉ, CLÉONE.

CLÉONE.

L'Himen couronne votre fœur,
Pollux époufe Télaïre ;
Ce pompeux apareil annonce fon bonheur ;
Mais j'entends Phebé qui foûpire.

PHEBÉ.

Mon cœur n'eſt point jaloux d'un ſort ſi glorïeux ;
Une autre voix s'y fait entendre :
Ah, que n'eſt-il ambitïeux !
Peut-être ſeroit-il moins tendre.

Filles du dieu du Jour, par quels préſents divers
Le ciel marqua notre partage !
Je reçus le pouvoir d'évoquer les enfers ;
Que Télaïre obtint un plus doux avantage !
Elle commande aux cœurs, où mon art ne peut rien ;
Un coup d'œil lui rend tout poſſible ;
Je ne fais qu'étonner ce qu'elle rend ſenſible :
Que ſon pouvoir eſt au-deſſus du mien !

Que l'univers la trouve belle,
Je le pardonne à ſes appas ;
Mais que l'ingrat Caſtor m'abandonne pour elle,
Voilà ce que mon cœur ne lui pardonne pas.

TRAGÉDIE.

CLÉONE.

L'himen du Roi, qui va rompre leur chaîne,
Doit vous rendre l'espoir de fixer votre amant.

PHEBÉ.

Elle aura ses regrèts, je n'aurai que la peine
D'esperer encor vainement...
Et si le Roi cedoit aux larmes de son frere
L'objet qui cause son tourment ?
Tu vois ce que je crains ; voici ce que j'espere :
Cléone, en ce moment fatal,
Pour venger ma flâme offensée,
Je leur garde un autre rival,
Et je puis disposer des fureurs de Lincée.
Son amour, qu'on outrage, est tout prêt d'éclater ;
Il veut de ce palais enlever Télaïre...
Je la vois : son triomphe augmente mon martire ;
Songeons à l'éviter.

(Elle sort.)

SCÊNE SECONDE.

TÉLAÏRE, *seule.*

Éclatés, mes justes regrèts ;
Dans un moment, hélas ! il faudra vous
   contraindre :
Le ciel m'ôtera déformais
Jusqu'à la douceur de me plaindre.

La gloire unit envain tout ce qu'elle a
   d'attraits
Pour un dieu, qui m'adore, & me force à le
   craindre ;
L'Amour a lancé d'autres traits :
Ces honneurs, que je fuis, ne font voir que
   l'excès
D'un feu, que je ne puis éteindre.

Éclatés, mes justes regrèts ;
Le ciel m'ôtera déformais
Jusqu'à la douceur de me plaindre.

SCÈNE TROISIEME.
TÉLAÏRE, CASTOR.

CASTOR.

Ah ! je mourrai content, je revois vos appas.

TÉLAÏRE.

Prince, ôsés-vous encor me parler de tendresse ?

CASTOR.

On permet nos adieux.

TÉLAÏRE.

     Eh ! ne deviés-vous pas
Les épargner à ma foiblesse ?

CASTOR.

Quand j'ai, pour cet adieu, l'aveu de votre époux ;
Quand vous m'allés être ravie,
Cruëlle ! me reprochés-vous
Le dernier plaisir de ma vie ?

Mon frere a vu mes pleurs, &, loin de les
    cacher,
    J'ai laiſſé voir toute ma flâme :
La pitié lui parloit, & ſembloit le toucher ;
Mais l'amour, plus puiſſant, l'écartoit de
    ſon âme.
Achevés ſon bonheur ; je quitterai ces lieux,
Sans me plaindre de vous, ſans accuſer mon
    frere :
    Ai-je à me plaindre que des dieux ?

TÉLAÏRE.

Vous partés !

CASTOR.

    Je m'impôſe un exil néceſſaire.

Dans ces yeux, maîtres de mon ſort,
    Si j'ai trouvé cent fois la vie ;
    Quand l'eſperance m'eſt ravie,
    J'y trouverois cent fois la mort.

TÉLAÏRE.

Et le Roi permettra cette fuite inhumaine !
    Non, ſon cœur eſt trop génereux.

TRAGÉDIE.

CASTOR.

En faisant son bonheur, elle adoucit ma peine :
Vous me plaignés, il m'aime, & je pars trop heureux.

(POLLUX, *qui les observoit, paroît en ce moment.*)

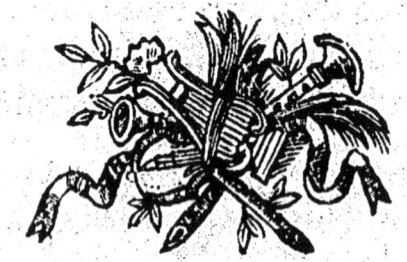

SCÈNE QUATRIEME.

POLLUX, TÉLAÏRE, CASTOR.

POLLUX.

Non, demeure Castor ; c'est moi qui te l'ordonne :
L'amour & l'amitié t'en impôsent la loi.
Calme l'inquiétude où ton cœur s'abandonne :
Pour te retenir près de moi,
La main qu'on devoit à ma foi
Est la chaîne que je te donne.

(*Il prend la main de* TÉLAÏRE *& l'unit à celle de* CASTOR.)

CASTOR.

O bonté, que j'adore !

TÉLAÏRE.

O grandeur, qui m'étonne !

TRAGÉDIE.

POLLUX.

Je connois tout ce que je perds ;
Castor à mon amour rendra cette justice :
Il pourra mieux juger du prix du sacrifice,
Par les tourments qu'il a soufferts.

(La Suite du Roi *& le peuple entrent sur la scêne.)*

SCÊNE CINQUIEME.

POLLUX, TÉLAÏRE, CASTOR, SPARTIATES.

POLLUX, *au peuple*.

CES apprêts m'étoient destinés,
J'en faisois mon bonheur suprême ;
Que leurs fronts soient couronnés
De ces fleurs, qui devoient parer mon dia-
 dême :
Des deux objèts que j'aime,
Je fais deux amants fortunés.

CHŒUR *de* SPARTIATES.

Chantons l'éclatante victoire
D'un héros, qui dompte l'amour,
Si la vertu triomphe en ce beau jour,
L'amour ne perd rien de sa gloire.

(*On danse.*)

TRAGÉDIE.

CASTOR.

Quel bonheur règne dans mon âme !
Amour, as-tu jamais
Lancé de si beaux traits ?
Des mains de l'amitié tu couronnes ma flâme:
Amour, as-tu jamais
Lancé de si beaux traits ?

(*On danse.*)

(*La fête est interrompue par un bruit tumultueux.*)

SCÊNE SIXIEME.

UN SPARTIATE & *les* ACTEURS *précédents.*

Un SPARTIATE.

Quittés ces jeux, courés aux armes;
Lincée attaque ce palais :
La jalouse Phebé semble guider ses traits.

Chœur.

Courons aux armes.

(CASTOR & POLLUX, *en se séparant pour aller combattre aux deux côtés du théâtre, où l'on entend le bruit des attaques.*)

Allons dissiper ces allarmes;
Aux armes.

TÉLAÏRE, *à* CASTOR.

Arrêtés, Castor, arrêtés!

TRAGÉDIE

Les différents CHŒURS, *derrière le théâtre.*

Combattons, attaquons : attaqués, combattés.

Une VOIX *seule.*

Enlevons Télaïre.

TÉLAÏRE.

Ah ! quelle fureur les inspire.

CHŒUR, *derrière le théâtre.*

Combattons, &c.

(*Après un grand bruit de guerre,* LINCÉE *force l'entrée du palais & paroît à la tête des siens.* CASTOR, *qui étoit sorti du théâtre, rentre pour le combattre ; il est repoussé & tombe, dans la coulisse, sous les coups de* LINCÉE *; pendant le combat,* TÉLAÏRE, *qui veut se jetter dans la mêlée, est retenue par ses femmes. Il se fait alors un profond silence.*)

Une VOIX.

Castor, hélas ! Castor est tombé sous ses coups !

CHŒUR des SPARTIATES.

O perte irréparable !
O malheur effroyable !

TÉLAÏRE, *tombant dans les bras de ses Suivantes.*

Je me meurs.

LE CHŒUR.

Pollux, vengés-nous.

(*Le bruit de guerre recommence.* LINCÉE *reparoît & traverse la scêne, pour enlever* TÉLAÏRE, *qu'il entraîne hors du théâtre,* POLLUX *vole à sa rencontre, dégage la princesse & attaque son ennemi. La troupe de* CASTOR *se rallie à celle de* POLLUX, *qui combat* LINCÉE, *le poursuit & le fait tomber sous ses coups.*)

FIN DU PREMIER ACTE.

ACTE.

ACTE SECOND.

Le Théâtre repréſente le lieu de la ſépulture des rois de Sparte ; au milieu duquel eſt élevé un tombeau militaire pour les funérailles de CASTOR : *il eſt éclairé de lampes ſépulcrales ; le reſte eſt une forêt ſombre, plantée de palmiers & de ciprès, où ſe raſſemble le peuple de Sparte. Le commencement de l'acte ſe paſſe dans la nuit.*

SCÊNE PREMIERE.

CHŒUR des SPARTIATES, *qui arrivent au tombeau avec toutes les marques d'un grand deuil, les armes renverſées & garnies de crêpes.*

QUE tout gémiſſe,
Que tout s'uniſſe :
Préparons, élevons d'éternels monuments
Au plus malheureux des amants :
Que jamais notre amour, ni ſon nom ne
périſſe.
Que tout gémiſſe.

B

SCÊNE SECONDE.

TÉLAÏRE, *dans le plus grand deuil, vient se jetter au pié du mausolée.*

Tristes apprêts, pâles flambeaux,
Jour, plus affreux que les ténébres,
Astres lugubres des tombeaux,
Non, je ne verrai plus que vos clartés funébres.

Toi, qui vois mon cœur éperdu,
Pere du jour, o Soleil ! o mon pere !
Je ne veux plus d'un bien, que Castor a perdu,
Et je renonce à ta lumière.

Tristes apprêts, pâles flambeaux,
Jour, plus affreux que les ténébres,
Astres lugubres des tombeaux,
Non, je ne verrai plus que vos clartés funébres.

(PHEBÉ *paroît.*)

SCÊNE TROISIEME.
PHEBÉ, TÉLAÏRE.

TÉLAÏRE.

Cruelle, en quels lieux venés-vous ?
Ofés-vous infulter encore
Aux mânes d'un héros, qui périt par vos
coups ?

PHEBÉ.

Laiffe à l'amour, qui me dévore,
Le foin de me punir d'un crime, que j'abhorre :
Il m'en dit plus que ton courroux.

Tu pleures l'amant le plus tendre ;
Mais de nous deux encor fon deftin peut
dépendre ;
D'un mot tu peux le rendre au jour.

TÉLAÏRE.

Ordonnés : que faut-il ?

PHEBÉ.
Immoler ton amour,
Et mon art forcera l'enfer à nous le rendre.
TÉLAÏRE.
Oui, je m'en impôse la loi.
Qu'il vive, que pour lui votre ardeur se signale.
PHEBÉ.
Tu le veux.
TÉLAÏRE.
Hâtés-vous; je cede à ma rivale
L'amour dont il brûla pour moi.

(On entend une simphonie guerrière & des chants de victoire.)

LE CHŒUR, *derrière le théâtre.*
Triomphe, vengeance.
TÉLAÏRE.
C'est le Roi vainqueur qui s'avance.
PHEBÉ.
Il a vengé nos maux, il faut les réparer.
(Elle sort.)

(Le jour commence à paroître, & découvre les différents monuments qui sont sur la scêne.)

TRAGÉDIE.

SCÈNE QUATRIÈME.

POLLUX, TÉLAÏRE, Troupe de SPARTIATES, D'ATHLETES & de COMBATTANTS, portant des trophées & les dépouilles des ennemis.

POLLUX, au Peuple.

Peuples, cessés de soûpirer.
Non, ce n'est plus des pleurs que ces mânes
 demandent ;
C'est du sang qu'ils attendent,
Et ce sang fatal a coûlé :
Lincée est immolé.

TOUS LES CHŒURS.

Que l'enfer applaudisse
A de nouveaux concerts :
Qu'une ombre plaintive en jouïsse.
Le cri de la vengeance est le chant des
 enfers.

POLLUX, *à* TÉLAÏRE.

Princeſſe, une telle victoire
Doit adoucir pour vous l'horreur de ce
 féjour.

TÉLAÏRE.

La vengeance flate la gloire ;
Mais ne conſole pas l'amour.

Prince, un rayon d'eſpoir à mes yeux ſe
 préſente :
Le pouvoir de Phebé peut remplir notre
 attente
Et ravir Caſtor aux enfers.

POLLUX.

Non, c'eſt envain qu'elle le tente,
Et c'eſt encore à moi de réunir vos fers.

Aux piés de Jupiter j'irai me faire entendre :
Le dieu qui me donna le jour,
A mon frere peut le rendre.
Aux larmes de ſon fils quelle marque plus
 tendre
Peut-il donner de ſon amour ?

TÉLAÏRE.

Ah, prince ! ôfés tout entreprendre ;
Montrés qu'aux Immortels votre fort eft lié:
Jupiter, dans les cieux, eft le dieu du ton-
nerre,
Et Pollux, fur la terre,
Sera le dieu de l'amitié.

D'un frere infortuné reffufciter la cendre,
L'arracher au tombeau, m'empêcher d'y
defcendre,
Triompher de vos feux, des fiens être l'appui,
Le rendre au jour, à ce qu'il aime,
C'eft montrer à Jupiter même
Que vous êtes digne de lui.

POLLUX, *aux Peuples.*

Reprenés vos chants de victoire,
Que mon triomphe embelliffe ces lieux :
Occupés Télaïre & charmés fes beaux yeux
Par le fpectacle de ma gloire.

(*Il fort.*)

CASTOR ET POLLUX,

(La scène devient plus éclairée, les tombeaux sont couverts de trophées & des dépouilles des ennemis. Marche des combattants. Entrée & combat figuré D'ATHLETES & de GLADIATEURS.)

Un ATHLETE.

Éclatés, fières trompettes ;
Faites briller dans ces retraites
La gloire de nos héros.

Par des chants de victoire,
Troublons le repos
Des échos.
Qu'ils ne chantent plus que la gloire.

(Des femmes SPARTIATES se mêlent à la fête des guerriers, couronnent les vainqueurs & forment un divertissement de réjouissance, pour célébrer la victoire de POLLUX.)

FIN DU SECOND ACTE.

ACTE TROISIEME.

Le théâtre représente le vestibule du Temple de JUPITER, *où* POLLUX *doit faire un sacrifice. Deux niches & deux autels sont à côté de l'arcade du milieu: la statue de l'*ESPERANCE *est d'un côté & celle de la* CRAINTE *de l'autre.*

SCÈNE PREMIERE.

POLLUX, *seul.*

PRESENT des dieux, doux charme des humains,
O divine amitié ! viens pénétrer nos âmes :
Les cœurs, éclairés de tes flâmes,
Avec des plaisirs purs, n'ont que des jours sereins.

C'est dans tes nœuds charmants que tout est jouïssance ;
Le tems ajoûte encor un luftre à ta beauté :
L'amour te laiffe la conftance ;
Et tu ferois la volupté,
Si l'homme avoit fon innocence.

Prefent des dieux, &c.

(*Le temple s'ouvre, & les* PRÊTRES *en fortent.*)

Mais le temple eft ouvert, le Grand-Prêtre s'avance.

SCÈNE SECONDE.

POLLUX, LE GRAND-PRÊTRE DE JUPITER, PEUPLES & Suite du GRAND-PRÊTRE.

LE GRAND-PRÊTRE.

LE souverain des dieux
Va paroître en ces lieux,
Dans tout l'eclat de sa puissance :
Tremblés, redoutés sa présence !
Fuyés, mortels curieux.
Ce n'est que par les feux & la voix du tonnerre
Qu'il s'annonce à la terre ;
Et l'aspect redouté de son front glorieux,
N'est vu que par les dieux.

Qu'au seul nom de ce dieu suprême
De respect & d'effroi tous les cœurs soient glacés ;
Fuyés & frémissés :
Fuyons & frémissons nous-même.

CHŒUR de PRÊTRES.

Fuyons & frémiſſons nous-même.

(*Le* PEUPLE & *les* PRÊTRES *ſe retirent. Pendant le récit du* GRAND-PRÊTRE, POLLUX, *qui attend la préſence de* JUPITER, *páſſe de l'autel de la* CRAINTE *à celui de l'*ESPERANCE, *où la flâme s'allume tout-à-coup, quand le* GRAND-PRÊTRE *ſort.*)

(*Le théâtre change :* JUPITER *paroît dans ſon palais, aſſis ſur un trône & environné de toute ſa gloire.*)

SCÊNE TROISIEME.

JUPITER, POLLUX.

POLLUX, *aux piés de* JUPITER.

MA voix, puissant maître du monde,
S'éleve en tremblant jusqu'à toi :
D'un seul de tes regards dissipe mon effroi,
Et calme ma douleur profonde.

O mon pere, écoute mes vœux.

L'immortalité, qui m'enchaîne,
Pour ton fils désormais n'est qu'un suplice affreux.
Castor n'est plus, & ma vengeance est vaine,
Si ta voix souveraine
Ne lui rend des jours plus heureux.

O mon pere, écoute mes vœux.

JUPITER.

Que son retour, mon fils, auroit pour moi
 de charmes !
Qu'il me seroit doux d'y penser !
Mais l'enfer a des loix que je ne puis forcer;
Et le sort me deffend de répondre à tes lar-
 mes.

POLLUX.

Ah ! laisse-moi percer jusques aux sombres
 bords.
J'ouvrirai sous mes pas les antres de la terre:
J'irai braver Pluton, j'irai chercher les
 morts
A la luëur de ton tonnerre;
J'enchaînerai Cerbere ; &, plus digne des
 cieux,
Je reverrai Castor & mon pere & les
 dieux.

JUPITER.

J'ai voulu te cacher le sort qui te menace.
D'un frere infortuné tu peux briser les fers,
Si tu descends dans les enfers;

TRAGÉDIE.

Mais il est ordonné, pour prix de ton audace,
 Que tu prennes sa place.

Tes jours eternels, tes beaux jours
 Sont trop dignes d'envie.

POLLUX.

Non, je ne puis souffrir la vie,
Si Castor avec moi n'en partage le cours.
Je reverrai mon frere, il verra Télaïre :
 Il est aimé, c'est à lui d'être heureux.
  Chaque instant, qu'ici je respire,
Est un bien, que j'enleve à son cœur amou-
 reux.

JUPITER.

Avant que de ceder au zele qui t'inspire,
 Vois ce que tu perds dans les cieux.

Enfants du ciel, charmes de mon empire,
 Plaisirs, vous, qui faites les dieux,
 Triomphés d'un dieu qui soûpire.

(Les PLAISIRS CÉLESTES, conduits par HÉBÉ,
 entrent en dansant ; ils entourent POLLUX;
 JUPITER se retire.)

SCÊNE QUATRIEME.

POLLUX, HÉBÉ, les PLAISIRS CÉLESTES, *qui tiennent des guirlandes de fleurs, dont ils veulent enchaîner* POLLUX.

(*Entrée d'*HÉBÉ *& de sa Suite, formée par les* PLAISIRS CÉLESTES.)

POLLUX.

Tout l'éclat de l'Olimpe est envain
ranimé :
Le ciel & le bonheur suprême
Sont aux lieux où l'on aime,
Sont aux lieux où l'on est aimé.

PETIT

TRAGÉDIE.

PETIT CHŒUR.

Qu'Hébé, de fleurs toûjours nouvelles
Forme vos chaînes éternelles.

(HÉBÉ *danse & ne cèsse d'attaquer* POLLUX,
qu'elle veut enchanter.)

Une SUIVANTE d'HÉBÉ.

Voici des dieux
L'asile aimable :
Goûtés des cieux
La paix durable.

Plus de plaisirs
Que de desirs ;
Des chaînes,
Sans peines ;
Et de beaux jours
Comptés toûjours
Par les Amours.

Si l'on soûpire,
C'eſt ſans martire:
Eſt-on charmé?
L'on plaît de même:
On dit qu'on aime,
On eſt aimé.

POLLUX.

Ah! ſans le trouble où je me voi,
Charmants Plaiſirs, je vous ſerois fidele;
Mais, dans l'excès de ma douleur mortelle,
Plaiſirs, que voulés-vous de moi?

(*Nouvelle attaque d'*HÉBÉ.)

Une SUIVANTE d'HÉBÉ.

Que nos jeux
Comblent vos vœux:
Suivés Hébé; que votre jeuneſſe,
Sans-cèſſe,
Renaîſſe,
Pour être à jamais heureux.

La grandeur la plus brillante
N'eſt point l'attrait qui nous
tente :
Venés, voyés, goûtés
Les céleſtes voluptés.

Nous aimons, Jupiter même
N'eſt heureux que quand il aime,

Aimés, cédés, ſuivés
Les biens qui vous ſont réſervés.

(*La danſe recommence ; les* PLAISIRS
CÉLESTES *font de nouveaux efforts
pour arrêter* POLLUX.)

Si je romps vos aimables chaînes ;
J'épargne aux dieux ma honte & mes
ſoûpirs.
Je deſcends aux enfers, pour oublier mes
peines ;
Et Caſtor renaîtra, pour goûter vos plaiſirs.

36 CASTOR ET POLLUX.

(POLLUX *rompt les guirlandes de fleurs dont il est enchaîné, & se dérobe aux* PLAISIRS *qui le suivent.*)

FIN DU TROISIEME ACTE.

ACTE QUATRIEME.

Le théâtre repréſente l'entrée des enfers, où l'on deſcend par des rochers eſcarpés. Dans le fond eſt une caverne, qui vomit des flâmes, & dont le pâſſage eſt deffendu par des monſtres, des ſpectres & des démons.

SCÊNE PREMIERE.

PHEBÉ, *ſeule.*

Esprits, ſoûtiens de mon pouvoir,
Venés, volés, rempliſſés mon eſpoir.
Deſcendés au rivage ſombre;
Il faut lui ravir une ombre.

(*Les Eſprits & Puiſſances magiques deſcendent des rochers à la voix de* Phebé, *qui forme ſes enchantements.*)

SCÈNE SECONDE.

PHEBÉ, Esprits magiques.

PHEBÉ.

Rassemblés-vous, secondés mon ardeur :
Des monstres des enfers combattés la fureur.

LE CHŒUR.

Des monstres des enfers combattons la fureur.

PHEBÉ.

Redoublés vos charmes ;
Pénétrés ce séjour,
Impénétrable au jour :
Redoublés vos charmes ;
Empruntés les traits de l'Amour
Pour avoir de plus fortes armes.

LE CHŒUR.

Des monstres des enfers, &c.

PHEBÉ.

Mais, que vois-je ?
(*Elle apperçoit* MERCURE, *qui descend :*
POLLUX *paroît en même tems.*)

TRAGÉDIE.

SCÊNE TROISIEME.

MERCURE, PHEBÉ, POLLUX,
Esprits magiques.

MERCURE.

Phebé, tu fais de vains efforts ;
De tes enchantements vois l'inutile usage :
Le fils de Jupiter aura seul l'avantage
    De pénétrer aux sombres bords.

PHEBÉ.
Ah ! prince, où courés-vous ?

POLLUX.
          Je vole à la victoire
Qui doit couronner mes travaux.
Le chemin des enfers, sous les pas d'un héros,
    Devient le chemin de la gloire.

PHEBÉ.
Laissés-moi devancer vos pas :
Laissés-moi braver tout obstacle.
A l'Amour est dû le miracle
    De triompher du trépas.

CASTOR ET POLLUX,

POLLUX.

Allons, Mercure, où tu me guides.
L'ardeur que j'éprouve en ce jour
Prête à mon amitié des ailes, plus rapides
Que ne sont celles de l'Amour.

(Il veut entrer dans la caverne ; les monstres & les démons sortent des enfers, pour deffendre le pâssage.)

SCÊNE QUATRIEME.

Les Acteurs *précédents*, Démons.

Mercure, Pollux, & Phebé.

Tombés, rentrés dans l'esclavage:
Arrêtés, démons furieux.

Pollux. Livrés-moi

Phebé.
    Livrés-lui   cet affreux pâssage;
Mercure.

Pollux. Et redoutés

Phebé.
    Et respectés   le fils du plus puis-
Mercure.   sant des dieux.

Chœur des Démons.
Sortons d'esclavage ;
Fermons-lui cet affreux pâssage ;
Et redoutons le fils du plus puissant des dieux.
(*Danse des démons, qui veulent effrayer*
Pollux.)

CASTOR ET POLLUX,

LE CHŒUR DES DÉMONS.
Brisons tous nos fers :
Ébranlons la terre,
Embrâsons les airs :
Qu'au feu du tonnerre
Le feu des enfers
Déclare la guerre :
Brisons tous nos fers.

Jupiter, lui-même,
Doit être soûmis
Au pouvoir suprême
Des enfers unis.
Ce dieu téméraire
Veut-il, pour son fils,
Détrôner son frere ?
Brisons tous nos fers, &c.

(*Les démons continuent leur danse, & redoublent leurs efforts pour écarter* POLLUX. *Les Furies sortent des enfers, armées de flambeaux & de serpents. Cette action est suivie d'une reprise du chœur précédent, pendant laquelle* POLLUX *combat les démons :* MERCURE *les frappe de son caducée & passe, avec* POLLUX, *dans la caverne.* PHEBÉ, *qui ne peut les suivre, se livre au désespoir, se donne un coup de poignard & se précipite dans l'abîme.*)

TRAGÉDIE.

SCÊNE CINQUIEME.

CASTOR, OMBRES HEUREUSES.

Le théâtre change & repréfente les Champs Élifées. On voit le fleuve Léthé, qui ferpente dans ce féjour délicieux. Des OMBRES *heureufes paroîffent errer dans l'éloignement, & viennent à la rencontre de* CASTOR.

CASTOR.

SÉJOUR de l'eternelle paix,
Ne calmerés-vous point mon âme impatiente ?
L'Amour, jufqu'en ces lieux, me pourfuit de fes traits :
Caftor n'y voit que fon amante,
Et vous perdés tous vos attraits.

Séjour de l'eternelle paix,
Ne calmerés-vous point mon âme impatiente ?

Que ce murmure eft doux ! que cet ombrage eft frais !

De ces accords touchants la volupté m'enchante;
Tout rit, tout prévient mon attente,
Et je forme encor des regrèts.

Séjour de l'eternelle paix,
Ne calmerés-vous point mon âme impatiënte?

(*Premier air pour les* OMBRES.)
CHŒUR *des* OMBRES HEUREUSES.
Qu'il foit heureux, comme nous.
Des biens que nous goûtons fur cet heureux rivage
Nos cœurs ne font point jaloux:
Il les voit, qu'il les partage.
Qu'il foit heureux, comme nous.
(*Differents quadrilles* D'OMBRES HEUREUSES *s'approchent de* CASTOR.)

Une OMBRE.
Pour toûjours
Ce rivage
Eft fans nuit & fans orage:
Pour toûjours
Cette aurore

Fait éclore
Nos beaux jours.

C'est le port
De la vie ;
C'est le fort
Qu'on envie.
Le monde & ses faux attraits
Sont-ils faits
Pour nos regrets ?
Non, jamais
Lieux propices,
Vous n'offrés que des délices ;
Non, jamais
Cet empire
Ne respire
Que la paix.

(*Des danses legeres expriment, par des jeux differents, le caractere des* OMBRES.)

Une OMBRE.

Sur les ombres fugitives
L'Amour lance encor des feux ;
Mais il ne fait sur ces rives
Qu'un peuple d'amants heureux.

(*On danse, & les* OMBRES *suivent toûjours* CASTOR.

Une OMBRE, *alternativement avec le* CHŒUR.

Dans ces doux afiles
Vos vœux feront couronnés,
Venés:
Aux plaifirs tranquilles
Ces lieux charmants font deftinés.

Ce fleuve enchanté,
L'heureux Léthé,
Coûle ici parmi les fleurs :
On n'y voit ni douleurs,
Ni foucis, ni langueurs,
Ni pleurs :
L'Oubli n'emporte avec lui
Que les foins & l'ennui :
Ce dieu nous laiffe
Sans-cèffe
Le foûvenir
Du plaifir.

(*Les* OMBRES *reprennent leurs danfes, qui font, tout-à-coup, interrompues.*)

TRAGÉDIE. 47

CHŒUR, *derrière le théâtre.*

Fuyés, fuyés, ombres legeres !
Nos jeux font prophanés par des yeux téméraires.

(POLLUX *paroît, & les* OMBRES
étonnées fuient devant lui.)

SCÈNE SIXIEME.

POLLUX, CASTOR, LES OMBRES, MERCURE, *dans l'éloignement*.

POLLUX.

Rassûrés-vous, habitants fortunés.
Loin de troubler ce favorable afile,
J'y viens goûter la paix, que vous donnés.

C'est ici des héros la demeure tranquille.
Chere ombre, paroissés!..

CASTOR, *appercevant* POLLUX.

O mon frere! est-ce vous?
O moments de tendresse!

ENSEMBLE.

O moments les plus doux!
O mon frere! est-ce vous?

POLLUX.

C'est moi qui viens briser la chaîne qui te lie:
C'est moi qui t'ai vengé d'un rival odieux.

CASTOR.

TRAGÉDIE.

CASTOR.

Je verrois la clarté des cieux ?

POLLUX.

C'est peu de te rendre à la vie,
Le sort t'éleve au rang des dieux.

CASTOR.

Qu'entends-je ! quel bonheur ! je quitterois ces lieux ?
Et le ciel près de toi me permettroit de vivre ?

POLLUX.

Non, tu jouïras seul d'un partage si doux ;
Et le destin jaloux
Va m'impôser les fers, dont ma main te délivre.

CASTOR.

Par ton supplice, o ciel ! j'acheterois le jour ?

POLLUX.

Tout l'univers demande ton retour :
Règne sur un peuple fidele.

CASTOR.

Le fils de Jupiter doit lui donner la loi.

POLLUX.
Vois dans les cieux la gloire qui t'appelle;

CASTOR.
J'immole au seul plaisir qui m'approche de toi
Toute la grandeur immortelle.

POLLUX.
Télaïre t'attend.

CASTOR.
Cruël, épargne-moi :
Elle-même, à ce prix, verroit avec effroi
Renouër de mes jours la trame criminelle.

POLLUX.
Castor, nous la perdrons tous deux.
Si tu tardes encor, tu lui coûtes la vie ;
Hâte-toi, va ; le ciel t'ordonne d'être heureux,
Et c'est ton rival qui t'en prie.

(Il embrasse son frere.)

CASTOR.
Oui, je cede enfin à tes vœux :

TRAGÉDIE.

J'irai sauver les jours d'une amante fidele,
Je renaîtrai pour elle.

Mais, puisqu'enfin je touche au rang des immortels,
Je jure, par le Stix, qu'une seconde aurore
Ne me trouvera pas au séjour des mortels.
Je ne veux que la voir & l'adorer encore,
Et je te rends le jour, ton trône & tes autels.

POLLUX, à MERCURE.

Ses jours sont commencés ;
Volés, Mercure, obéïssés.
Rendés un immortel au séjour du tonnerre,
Un héros à la terre :
Volés, Mercure, obéïssés.

CHŒUR DES OMBRES.

Revenés, revenés sur les rivages sombres,
Habités tous deux parmi nous,
Et nous rendrons les dieux jaloux
De la félicité des ombres.

CASTOR ET POLLUX.

(MERCURE *enleve* CASTOR *dans un nuage:* POLLUX *lui tend encore les bras,& se retire avec les* OMBRES *fortunées.*)

FIN DU QUATRIEME ACTE.

ACTE CINQUIEME.

Le théâtre repréſente une vue agréable des environs de la ville de Sparte, précédée d'un arc de triomphe, orné de feſtons & de guirlandes pour le retour de CASTOR.

SCÊNE PREMIERE.

CASTOR, TÉLAÏRE.

TÉLAÏRE.

LE ciel eſt donc touché des plus tendres amours ?
Au jour, que je quittois, votre voix me rappelle :
Vous vivrés, pour m'être fidele,
Et vous vivrés toûjours.

CASTOR.
Hélas !

TÉLAÏRE.
Mais pourquoi ces allarmes ?
Vous m'aimés, je vous vois...

CASTOR.
Télaïre, vivés.

TÉLAÏRE.
Qu'entends-je ! quels discours ?

CASTOR.
Télaïre...

TÉLAÏRE.
Achevés.
Le plus beau de nos jours est-il fait pour des larmes ?

CASTOR.
A d'eternels adieux il faut nous préparer ?

TÉLAÏRE.
Que dites-vous ? o ciel !

CASTOR.
Il faut nous séparer :
Je retourne aux rivages sombres.

TRAGÉDIE.

TÉLAÏRE.

Castor ! & vous m'abandonnés ?

CASTOR.

Mon frere & mes serments m'attendent chés les ombres.

TÉLAÏRE.

A vous pleurer encor mes yeux sont condamnés !
A peine je vous vois ! à peine je respire,
Castor ! & vous m'abandonnés ?

CASTOR.

L'instant fatal approche, il me presse, il expire...
Que cet instant a d'horreurs & d'appas !

TÉLAÏRE.

Hélas ! te puis-je croire,
Quand, parjure à l'amour, ingrat, tu ne fais gloire
Que d'être fidele au trépas ?

(*On entend des chants de réjouissance.*)

Mais j'entends des cris d'allegresse.

SCÈNE SECONDE.

CASTOR, TÉLAÏRE, *troupe de* SPARTIATES, *qui viennent au-devant de* CASTOR.

CHŒUR.

Vivés, heureux époux.

TÉLAÏRE.

Au-devant de tes pas tout ce peuple s'empresse :
Veux-tu troubler ses jeux ? ils étoient faits pour nous.

CASTOR, *au Peuple*

Hélas ! vous ignorés que votre attente est vaine.

TÉLAÏRE & le CHŒUR.

Pourquoi vous dérober à des transports si doux ?

CASTOR.

Peuples, éloignés-vous.
Vos desirs augmentent ma peine.

(*Le Peuple sort.*)

SCÈNE TROISIEME.

TÉLAÏRE.

EH quoi ! tous ces objèts ne peuvent t'attendrir ?

CASTOR.

Voulés-vous qu'aux enfers j'abandonne mon frere ?

TÉLAÏRE.

Les dieux nous le rendront : Jupiter est son pere.

CASTOR.

Vivés, & laissés-moi mourir.

TÉLAÏRE.

Tu meurs !.. pour qui veux-tu que je respire encore ?

CASTOR.

Regnés ; mon frere est immortel,
Mon frere vous adore.

TÉLAÏRE.

Non, je n'attendrai pas un destin si cruël :
J'en atteste les dieux & la mort, que j'implore.

CASTOR.

Arrêtés, redoutés le charme de vos pleurs.
Si j'ôsois balancer, il est des dieux vengeurs:
Sur moi, sur vous peut-être ils puniroient
    ma flâme.

TÉLAÏRE.

De quelle horreur encor viens-tu frapper
    mon âme ?

CATOR.

J'armerois Jupiter; son fils a mes sermens.

TÉLAÏRE.

Ils ont aimé, ces dieux ; ils plaindront
    des amants.

(*On entend plusieurs coups de tonnerre.*)

Qu'ai-je entendu ! quel bruit ! quels éclats
    de tonnerre !
Hélas ! c'est moi qui t'ai perdu.

CASTOR.
J'entends frémir les airs ! je sens trembler la terre !
C'en est fait ! j'ai trop attendu.
ENSEMBLE.
Arrête, dieu vengeur, arrête !
(*Le bruit redouble.*)
CASTOR.
L'enfer est ouvert sous mes pas !
La foudre gronde sur ma tête !

(TÉLAÏRE *tombe évanouie de frayeur.*)

Ciel ! o ciel ! Télaïre expire dans mes bras !
Arrête, dieu vengeur, arrête !

(*Une simphonie mélodieuse succede au bruit du tonnerre.*)

Mais le bruit cesse... Ouvrés les yeux :
A nos tourmens la nature est sensible,
Et ces concerts harmonïeux
Annoncent un dieu plus paisible.

(JUPITER *descend du ciel sur son aigle.*)

SCÈNE QUATRIEME.

JUPITER, CASTOR, TÉLAÏRE.

JUPITER.

LEs Destins sont contents : ton sort est arrêté ;
Je te rends à jamais le serment qui t'engage :
    Tu ne verras plus le rivage
    Que ton frere a déja quitté.
Il vit, & Jupiter vous permet le partage
    De l'immortalité.

(POLLUX *paroît.*)

SCÈNE CINQUIEME.

JUPITER, TÉLAÏRE, CASTOR, POLLUX.

Castor.

Mon frere! o ciel!

Pollux.
Dieux! je retrouve ensemble
Tous les objets de mon amour!

Castor.
J'allois te délivrer du ténébreux séjour,
Quand le ciel enfin nous rassemble.

Castor & Télaïre.
Dieux, qui formés pour nous un sort si plein d'appas.
O dieux! ne nous séparés pas.

Jupiter.
Séjour de ma grandeur, où je dicte mes loix,
Vaste empire des cieux, ouvrés-vous à ma voix.

SCÈNE SIXIEME & DERNIÈRE.

(Les cieux s'ouvrent & font voir, au milieu des airs, le palais de Jupiter, d'une architecture éclatante & légere, porté sur des nuages. Il communique des deux côtés, par des colonades, aux pavillons des principales divinités célestes, désignés par leurs divers attributs. Dans le lointain paroît une partie du Zodiaque, où se voit la place destinée à la constellation des Jumeaux. Le globe du Soleil est au milieu, parcourant sa carriere. Toutes les divinités du ciel se rassemblent, ainsi que les génies qui président aux planettes & aux constellations.)

JUPITER, POLLUX, CASTOR, TÉLAÏRE, L'AMOUR, *tous les* DIEUX *de* l'OLIMPE, *les* GÉNIES *célestes, les* HEURES, *&c.*

JUPITER, *à* CASTOR *&* POLLUX.

Tant de vertus doivent prétendre
    Au partage de nos autels.
Offrons à l'univers des signes immortels
D'une amitié si pure & d'un amour si tendre.

Venés, jeune Immortelle, embellissés les
    cieux ;
    Le Sort accomplit ses promesses.
    C'est la valeur qui fait les dieux,
    Et la beauté fait les déesses.

TOUS LES CHŒURS.

Que les cieux, que la terre & l'onde
Brillent de mille feux divers ;
C'eſt l'ordre du maître du monde,
C'eſt la fête de l'univers.

(*Ballet figuré des* HEURES *&* des PLANETTES.)

CASTOR.

Qu'il eſt doux de porter tes chaînes ;
Tendre Amour ! tes plaiſirs font oublier tes peines.
J'ai fait briller tes feux dans cent climats divers,
Pour montrer à tout l'univers
Qu'il eſt doux de porter tes chaînes.

Tout m'a dit dans les enfers
Qu'il eſt doux de porter tes chaînes :
Et, quand les cieux me font ouverts,
J'entends retentir dans les airs
Qu'il eſt doux de porter tes chaînes.

(*Les Chœurs se mêlent à la voix de* Castor, *& répetent ce dernier vers; la fête continue. Ici* Castor & Pollux *sont enlevé sur un nuage, & placés sur le Zodiaque.*)

Le Chœur.

Que les cieux, que la terre & l'onde
Brillent de mille feux divers;
C'est l'ordre du maître du monde,
C'est la fête de l'univers.

(*Un divertissement géneral termine l'opera.*)

FIN.

www.ingramcontent.com/pod-product-compliance
Lightning Source LLC
LaVergne TN
LVHW021003090426
835512LV00009B/2046